# つぶつぶ雑穀
# ごちそう
# ごはん

野菜と雑穀がおいしい！ 簡単炊き込みごはんと絶品おかず

大谷ゆみこ

学陽書房

はじめに

いつものごはんに雑穀と野菜と海の塩を入れて
炊いてみませんか。
ほんのひと手間かけてスイッチを押すだけ。
フタを開けると、香り立つ湯気の間から
個性的なごちそうごはんが顔を出します。
そのままメインディッシュになる
新感覚の雑穀入り炊き込みごはんのおかげで、
毎日の食事作りが10倍簡単に、
そして10倍楽しくなりました。
雑穀のコクのある味わいが加わった、
ふんわりおいしいごはんたちの、
新鮮な歯ごたえ、舌ざわり、味、香り、
すべてが感動的です。

# CONTENTS

- 3 　はじめに
- 6 　つぶつぶ流 簡単！ おいしい！ 炊き込みごはん術

### recipes 1
### シンプルすぎて驚きの炊き込みごはん
- 8 　ミレットペペロンチーノ
- 9 　つぶつぶトマトライス
- 10 　干しシメジ入りアマランサスごはん
- 11 　ヒジキごはん
- 12 　カレー風味高キビごはん
- 13 　桜の花ごはん
- 14 　**COLUMN 1** 雑穀の混ぜ加減

### recipes2
### 季節の野菜のうま味を活かす
- 16 　3色イモごはん
- 17 　パプリカごはん
- 18 　レモン風味きのこごはん
- 19 　アスパラキビごはん
- 20 　コーンごはん
- 21 　黒米ヒエ大根ごはん
- 22 　味噌ジャガキビごはん

### recipes 3
### 乾物やナッツ、種子でうま味アップ！
- 24 　白キクラゲ＆ネギごはん
- 25 　ワカメ生姜ごはん
- 26 　サトイモ納豆昆布ごはん
- 27 　つぶつぶ小豆ごはん
- 28 　ナッツごはん
- 29 　ゴボウサフランライス
- 30 　エゴマとアマランサスのプチプチごはん

### recipes 4
### つぶつぶで楽しむエスニックな炊き込みごはん
- 32 　フルーツビリヤニ
- 33 　八角風味の根菜ごはん
- 34 　レンコンとキヌアのタコ飯風
- 35 　ココナッツ風味のパープルライス
- 36 　五穀パエリア
- 37 　キムチライス
- 38 　**COLUMN 2** ごはんの保存法とおいしい蒸し方

### recipes 5
### 炊き込みごはん活用術 1
- 40 コーンごはんのチャーハン
- 41 アマランサスごはんのチャーハン
- 42 白キクラゲ&ネギごはんの中華粥風リゾット
- 43 ゴボウサフランライスのトマトリゾット
- 44 3色イモごはんの豆乳ミルク粥

### recipes 6
### 炊き込みごはん活用術 2
- 46 コフタ&ハンバーグ
- 47 コロッケ
- 48 オーブン焼きギョウザ&蒸しギョウザ
- 49 油揚げ詰めごはんのオーブン焼き
- 50 レモン風味のスタッフドトマト

### シンプルでおいしい毎日の雑穀ごはん
- 52 自然のうま味と栄養を丸ごと封じ込めた つぶつぶ雑穀の個性的な仲間たち!
- 56 つぶつぶ雑穀ごはんのおいしい炊き方 白米+1穀ごはん、白米+2穀ごはん、ミックスごはん

### recipes 7
### 簡単アレンジ! 雑穀ごはん活用術
- 62 焼きおにぎり
- 63 おにぎりのカレームニエル
- 64 ごましょう油ダレの中華おこわ
- 65 漬け物混ぜごはん
- 66 菜飯
- 67 海苔巻き
- 68 キャベツ手巻きごはん

### 雑穀ごはんに合わせて栄養アップ! 簡単クイックレシピ
- 70 お湯をそそぐだけの簡単「海藻スープ」
- 72 干して、ゆでて、入れるだけの簡単「味噌漬け」
- 74 **COLUMN 3 調味料はこれだけ!**
- 75 つぶつぶInformation
- 78 おわりに

---

本書で使用している計量の単位
1カップ…200cc 1合…180cc
大さじ1…15cc 小さじ1…5cc

つぶつぶ流
# 簡単！おいしい！炊き込みごはん術

お米に雑穀の密度の濃い良質の繊維と抗酸化力のある微量栄養素が加わり、旬の野菜の植物栄養素もぎっしり詰まった"ごちそうごはん"。
満点のおいしさが、家族の健康を守ります。

### 基本の基本

雑穀・白米 ＋ 水・自然塩・調味料 ＋ 旬の野菜 → 炊飯器

### 1 白米と雑穀合わせて3合を洗う
とぐとお米が割れて味が落ちるので、洗う。大きめのボウルに入れ、たっぷりの水をそそいで混ぜ洗いしたら、浮いてくるゴミと一緒に水を捨て、これを数回繰り返してから炊飯器に入れ、水加減する。

### 2 自然塩小さじ2が目安
おいしい炊き込みご飯の塩分は、塩で小さじ2が目安。野菜の量が多かったり水っぽい場合はやや多めに、具が少ない場合はやや少なめにする。
＊しょう油は塩の約1/6、味噌は約1/9の塩分なので、それぞれ塩の6倍、9倍で同じ塩分濃度です。

### 3 液体調味料も合わせて水加減
液体調味料が多いときは、先に入れて水加減する。
＊炊飯器によって炊き加減が微妙に違います。また、かためのごはんが好きな人とやわらかめが好きな人がいます。ご自分の好みや手持ちの炊飯器の調子で水加減を調整してください。

### 4 具を最後に入れて混ぜ、スイッチ、ポン！
基本的に野菜は皮ごと切って使い、炊飯器には、水加減してから入れて混ぜます。炊きあがったら、しゃもじで下から上に返すように大きくさっくり混ぜ、風を入れます。

### 5 おいしく冷蔵保存
その日に食べない分はバットに広げて冷蔵。1週間はもちます。解凍の必要もなく、蒸したり、炒めてチャーハンにしたり、具材として活用したり、食べたいときにすぐに食べられます（詳しくはP38を参照）。

---

**1合炊きのポイント**

応用自在のごちそうごはんですが、1人か2人の食卓なら、1合だけでも充分です。以下のような量り方で考えると、うまくいきます。

白米…1合

雑穀…大さじ2

水加減…
1合の目盛りの線が隠れるまで

調味料や野菜などの具材…
本書の各レシピにある3分の1強の分量

# シンプルすぎて驚きの
# 炊き込みごはん

recipes 1

混ぜて炊いただけ!? とは思えない
多彩なおいしさは、つぶつぶ雑穀入りだから!

「米と雑穀の取り合わせ」、「野菜の取り合わせと切り方」、
「調味料の合わせ方」、3つの要素のハーモニーから
無限のおいしさが生まれます。
慣れてきたら、オリジナルにも挑戦してみましょう。

ニンニクとしょう油とごま油と七味でイタリアン?!
# ミレットペペロンチーノ

**材料**
白米……2合
もちキビ……1合
ニンニク……3かけ
しょう油……大さじ4
ごま油……大さじ1
七味唐辛子……適量

**作り方**
1 白米ともちキビは洗ってザルにあげ、炊飯器に入れる。
2 2と1/2合の目盛りまで水を入れる。
3 すりおろしたニンニク、しょう油、ごま油を入れて炊く。
4 炊きあがったら、大きくさっくり混ぜ、風を入れる。
5 器に盛り、好みで七味唐辛子をふる。

Point
圧搾法で搾った国産ごま油を入れると、コクのある炊きあがりになります。

皮つきトマトをザクザク切ってのせるだけ
# つぶつぶトマトライス

## 材料

- 白米……2と1/2合
- もちアワ……1/4合
- 押し麦……1/4合
- トマト……350g（中3個）
- 酒……大さじ1
- 菜種油……小さじ2
- オリーブ油……小さじ2
- 自然塩……小さじ2と1/4
- 昆布……5cm角
- パセリのみじん切り……適量

## 作り方

1. 白米ともちアワと押し麦は洗ってザルにあげ、炊飯器に入れる。
2. 酒、油、塩を入れてから、2と1/2合の目盛りまで水を入れ、昆布とざく切りにしたトマトをのせて炊く。
3. 炊きあがったら、大きくさっくり混ぜ、風を入れる。
4. 器に盛り、パセリのみじん切りをふる。

### Point
トマトは皮ごと、最後にのせて炊き、炊きあがってから混ぜます。トマトの皮のテクスチャーが食感とおいしさの秘密です。

プチッと弾力のあるつぶつぶは南米生まれ
# 干しシメジ入りアマランサスごはん

## 材料
白米……2と1/2合
アマランサス……1/2合
干しシメジ……15g
生姜……3g
しょう油……大さじ1
白たまりしょう油……大さじ3
酒……大さじ1
菜種油……大さじ1
自然塩……小さじ1/4

## 作り方
1 干しシメジは水につけて戻し、かたまりは割いておく。
2 白米を洗って炊飯器に入れ、アマランサスは洗わずに入れる。
3 しょう油、白たまりしょう油、酒、油、塩を入れる。1の戻し汁を加え、2と1/2合強の目盛り(目盛りの線の上)まで水を入れたら、干しシメジと千切りの生姜を加え、軽く混ぜて炊く。
4 炊きあがったら、大きくさっくり混ぜ、風を入れる。

＊白たまりしょう油がないときは、薄口しょう油にかえるか、自然塩小さじ1/2＋しょう油大さじ2にかえて作ってみてください。

### Point
干したシメジからはコンソメのようなだしが出ます。コリッと歯ごたえのある具材にもなって、一石二鳥の食材です。生シメジをほぐして干せば、自分でも作れます。

鉄分とカルシウムの宝庫のヒジキで磯の香ごはん
# ヒジキごはん

### 材料
- 白米……2と1/2合
- ヒエ……1/2合
- ヒジキ……10g
- しょう油……大さじ2
- 酒……大さじ2
- 自然塩……小さじ2/3

### 作り方
1. ヒジキはたっぷりの水に3～5分つけてから、ザルにあげてふっくら戻す。長いものはハサミで切る。
2. 白米とヒエを洗ってザルにあげ、炊飯器に入れる。
3. しょう油、酒、塩を入れ、3合弱の目盛り（目盛りの線の下）まで水を入れたら、ヒジキを加え、軽く混ぜて炊く。
4. 炊きあがったら、大きくさっくり混ぜ、風を入れる。

**Point**
ヒジキには、カルシウムが牛乳の約13倍、鉄分がほうれん草（生）の約28倍も含まれています。水に数分つけてからザルにあげて戻すと、栄養もうま味も逃げません。

挽肉風の食感の高キビとインゲンがうまい！

# カレー風味高キビごはん

**材料**

白米……2と2/3合
高キビ……1/3合
タマネギ……1個（200g）
インゲン……100g
ニンニク……1かけ
菜種油……大さじ1
自然塩……小さじ1/2＋小さじ2
カレー粉……大さじ1
クミンシード……小さじ1

**作り方**

1 高キビは熱湯につけ、フタをして30分おき、水をきる。
2 タマネギ、ニンニクはみじん切り、インゲンは1cmに切っておく。
3 フライパンに油とニンニクを入れ、中火にかけて、香りがしてきたら、タマネギ、クミンシード、カレー粉を加え、さっと炒め、小さじ1/2の塩をふる。
4 洗った白米と1の高キビを炊飯器に入れ、3合弱の目盛り（目盛りの線の下）まで水を入れたら、3とインゲン、塩小さじ2を加え、軽く混ぜて炊く。
5 炊きあがったら、大きくさっくり混ぜ、風を入れる。

＊カレー粉の量は、好みで調節してください。クミンシードは、なくても作れます。

### Point
タマネギと香辛料を炒め、塩をふります。油を熱する前にニンニクを入れて中火で香りをだすと、アロマチックなおいしさが楽しめて、食べても口にニンニク臭が残りません。

白と黄のコントラストに桜色が映えて香る
## 桜の花ごはん

**材料**
白米……2と1/2合
もちキビ……1/2合
桜の花の塩漬け……60g

**作り方**
1 桜の花の塩漬けは、水に5分つけて軽く塩を抜き、みじん切りにしておく。桜の花の塩分は、ご飯の塩味になるのであまり塩を抜きすぎないこと。
2 白米ともちキビは洗ってザルにあげ、炊飯器に入れる。2と1/2合強の目盛り(目盛りの線の上)まで水を入れ、1の桜の花を加え、軽く混ぜて炊く。
3 炊きあがったら、大きくさっくり混ぜ、風を入れる。

### Point
自然海塩「海の精」(海の精株式会社)で漬け込んだ桜の花の塩漬け。お湯をそそぐだけで香り高い桜湯が楽しめます。桜風味の塩として活用できます。

COLUMN 1

# 雑穀の混ぜ加減

同じ雑穀を混ぜても、混ぜ加減ひとつでいろんなおいしさが楽しめます。
基本の比率を覚えておくと便利です。
雑穀大さじ2を加えるだけのごはんから、1割、2割、3割、5割雑穀ごはんまで
思い切って遊んでみましょう。

## 「白米：雑穀」の比率の基本

### 1　2と2/3合：1/3合

1割雑穀ごはんです。水加減は3合の目盛りでOK。抵抗なく風味が楽しめるので、はじめの一歩はここから。

### 2　3合：大さじ1〜2

黒米、赤米、高キビ、ハト麦などのかたい雑穀や色の強い雑穀は控えめに入れるのがポイントです。3や4と組み合わせることもできます。水加減は、3合の目盛り＋大さじ2です。

### 3　2と1/2合：1/2合

基本は、2割雑穀ごはんです。水加減は、もち系雑穀の場合は白米に合わせて2と1/2合強の目盛り（目盛りの線の上）、そのほかは3合の目盛りで。精白の過程で失われてしまった繊維やミネラル、ビタミン、酵素はこれでおぎなえます。この配合に2を加えた2穀ごはんもおいしいです。

### 4　2合：1合

3割雑穀ごはんです。もち系雑穀の場合、水加減は2と1/2合の目盛りに合わせます。雑穀のおいしさを楽しめる存在感のあるごはんです。

### 5　1と1/2合：1と1/2合

5割雑穀ごはんです。もち系雑穀の場合、水加減は2と1/2合弱の目盛り（目盛りの線の下）に合わせます。意外に重たくない味わい深いごはんです。

# 季節の野菜の
# うま味を活かす

旬の野菜のエキスが、ごはんにしみ込んで……

旬の野菜を穀物と一緒に火を通すと、野菜だけの料理では味わえない、なんともいえないうま味が楽しめます。
旬のエキスのしみた雑穀ごはんと雑穀のうま味と栄養をまとった野菜。まさにごちそうごはんの極致です!

3種のホクホク感のハーモニーが楽しい
# 3色イモごはん

**材料**
白米……2と1/2合
もちアワ……1/2合
サツマイモ……150g
ジャガイモ……150g
カボチャ……150g
自然塩……小さじ2

**作り方**
1. サツマイモ、ジャガイモ、カボチャは、洗って皮つきのまま1.5cm角に切る。
2. 白米ともちアワは洗ってザルにあげ、炊飯器に入れて、3合の目盛りまで水を入れる。
3. 1をボウルに入れ、表面に塩をまぶしてから2に混ぜて炊く。ボウルについた塩は、炊飯器の中の水をボウルに少し取って溶かし、炊飯器に入れるのがポイント。
4. 炊きあがったら、大きくさっくり混ぜ、風を入れる。

**おまけレシピ**
### サツマイモ 黒ごまごはん

こちらも、サツマイモを見直すおいしさで捨てがたいので紹介します。ぜひ、作ってみて下さい！

**材料**
白米…2と1/2合
押し麦…1/2合
サツマイモ…300g
黒ごま…大さじ2
しょう油…大さじ3と1/2
自然塩…小さじ1/2
酒…大さじ2
昆布…5cm角

**作り方**
1. サツマイモは皮ごと厚さ8mmの半月切りにする。
2. 黒ごまを煎る。
3. 塩をまぶしたサツマイモとごまを混ぜて、3色イモごはんと同様に炊く。

蒸したパプリカのおいしさ、知っていますか？
# パプリカごはん

## 材料
**白米**……2と1/2合
**うるちキビ**……1/2合
**パプリカ**……400g
（赤、黄、オレンジなど合わせて）
**ブレンド油（＊）**……大さじ1
**自然塩**……小さじ2と1/2

＊ブレンド油＝健康の基本は、菜種油7：ごま油3の割合のブレンド油です。必須脂肪酸のバランスが整い、体の働きも整いやすくなります。

## 作り方
1　パプリカは洗って種を取り、タテ1cm幅に切る。
2　白米とうるちキビは洗ってザルにあげ、炊飯器に入れる。
3　油と塩を加え、2と1/2合の目盛りまで水を入れ、パプリカをのせて炊く。
4　炊きあがったら、大きくさっくり混ぜ、風を入れる。

**Point**
パプリカは切る前に洗い、切った後は洗わないのがおいしく食べるコツです。種を取って、タテにひも状に切り分けます。

まろやかで透明な酸味と歯ごたえがうれしい
# レモン風味きのこごはん

材料
- 白米……2と1/2合
- ヒエ……1/2合
- マイタケ……150g
- シメジ……150g
- レモンの搾り汁……2個分（約60cc）
- ブレンド油（P17 *）……大さじ1
- 自然塩……小さじ2と1/2
- 飾り用レモン……適量

作り方
1. マイタケとシメジは、洗わずに食べやすい大きさに手でほぐし、レモン汁をかけておく。
2. 白米とヒエは洗ってザルにあげ、炊飯器に入れる。
3. 油と塩を加え、2と1/2合の目盛りまで水を入れる。1のキノコを加え、軽く混ぜて炊く。
4. 炊きあがったら、大きくさっくり混ぜ、風を入れる。
5. 器に盛り、レモンを飾る。

Point
キノコにレモンをかけておくと色が変わりにくくなります。ゆずの季節はゆずで作ってみましょう。

味噌の風味がグリーンの味わいを引き立てる
# アスパラキビごはん

**材料**
白米……2と1/2合
もちキビ……1/2合
アスパラガス……8本
麦味噌……大さじ2
自然塩……小さじ1

**作り方**
1 アスパラガスは3〜4cmの長さに切る。
2 白米ともちキビは洗ってザルにあげ、炊飯器に入れて、2と1/2合強の目盛り(目盛りの線の上)まで水を入れる。
3 味噌を炊飯器の中の水を少し取って軽く溶いてから加え、塩とアスパラガスをのせて、軽く混ぜて炊く。
4 炊きあがったら、大きくさっくり混ぜ、風を入れる。

＊ アスパラガスのかわりにインゲン、枝豆、空豆、グリンピースなどでもおいしい。
＊ アスパラガスは、根元に近い方から手で折り、折れたところから下はかたいので、使いません。
＊ 好みの味噌でOKです。

コーンともちキビ、大小の黄色と白が映える
# コーンごはん

**材料**
白米……2と1/2合
もちキビ……1/2合
コーン（粒）……100g
しょう油……小さじ2
菜種油……大さじ1
自然塩……小さじ1と1/3

**作り方**
1 白米ともちキビは洗ってザルにあげ、炊飯器に入れる。
2 しょう油、菜種油、塩を加え、3合の目盛りまで水を入れて、コーンを加え、軽く混ぜて炊く。
3 炊きあがったら、大きくさっくり混ぜ、風を入れる。

**Point**
トウモロコシの旬は7月に入ってからです。ホールタイプの缶詰でもおいしくできますが、生のコーンで作ると最高においしいです。

サイコロ大根の大きさがおいしさの決め手
# 黒米ヒエ大根ごはん

材料
白米……2と1/2合
ヒエ……1/2合
黒米……大さじ2
大根……400g
自然塩……小さじ2

作り方
1 黒米は熱湯につけ、フタをして30分おき、水をきる。
2 大根は1.5cm角のサイコロ状に切る。
3 洗った白米とヒエと1の黒米を炊飯器に入れ、3合の目盛りまで水を入れる。
4 2の大根をボウルに入れ、表面に塩をまぶしてから3に混ぜて炊く。
5 炊きあがったら、大きくさっくり混ぜ、風を入れる。

Point
大根に塩をまぶして下味をつけるのがおいしさのポイントです。ボウルについた塩は、炊飯器の中の水をボウルに少し取って溶かし、炊飯器に入れます。

ほっくりもっちりの味噌ごはん
# 味噌ジャガキビごはん

**Point 1**
味噌は混ぜずにのせるだけです。

### 材料
| | |
|---|---|
| 白米……2と1/2合 | 麦味噌……大さじ2 |
| もちキビ……1/2合 | 豆味噌……大さじ2 |
| ジャガイモ……250g | 自然塩……小さじ1 |
| ブレンド油(P17 *)…大さじ1 | 葉ネギ……少々 |

### 作り方
1 ジャガイモは、洗って皮ごと一口大に切り分ける。
2 フライパンに油を熱してジャガイモを炒め、塩小さじ1をふって混ぜる。
3 白米ともちキビは洗ってザルにあげ、炊飯器に入れる。
4 3合弱の目盛り(目盛りの線の下)まで水を入れたら、2のジャガイモと味噌をのせて炊く。このとき、炊飯器の中の水を少し取って、フライパンについた塩と油を溶かして炊飯器に入れ、炊く。
5 炊きあがったら、味噌を全体にまぶすように大きくさっくり混ぜ、風を入れる。
6 器に盛り、好みで葉ネギをトッピングする。

**Point 2**
炊きあがりはこんなかんじです。
炊きたてのうちに混ぜましょう。

# 乾物やナッツ、種子で
# うま味アップ！

recipes
3

プリッ、プチッ、コリッ、
多様な食感と海、山の風味を楽しむ……

伝統の保存食品「乾物」には、さまざまな食感と風味を
もった種類があります。
上手に組み合わせると、ごちそうごはんの満足度はさらに
バージョンアップします。

透明感と歯ごたえのコンビネーション
# 白キクラゲ&ネギごはん

### 材料
白米……2と1/2合
キヌア……1/2合
白キクラゲ……15g
ネギの白い部分…3本分(約180g)
薄口しょう油……小さじ1
ごま油……大さじ1
自然塩……小さじ1/2+小さじ1と1/2

### 作り方
1 ネギは2.5cmの長さに切り、タテに4等分する。
2 白キクラゲはたっぷりの水につけて戻し、一口大に切る。
3 2に塩小さじ1/2と薄口しょう油とごま油をまぶす。
4 白米とキヌアは洗ってザルにあげ、炊飯器に入れ、3合弱の目盛り(目盛りの線の下)まで水を入れる。
5 4に塩小さじ1と1/2、ネギ、白キクラゲを加え、混ぜて炊く。
6 炊きあがったら、大きくさっくり混ぜ、風を入れる。
7 好みで薄口しょう油(分量外)をかけていただく。

### Point
ソフトでプリッ、コリッとした食感が特徴。古くから不老長寿の薬として珍重されてきた白キクラゲには、造血作用と動脈硬化予防効果が期待できます。

海の葉緑素とミネラルをたっぷり補給

# ワカメ生姜ごはん

**材料**
白米……2と1/2合
もちアワ……1/2合
乾燥ワカメ……8g
（戻したもの100g）
生姜……8g
自然塩……小さじ2

**作り方**
1 ワカメは戻して一口大に切る。戻し汁は残す。生姜は千切りにする。
2 白米ともちアワは洗ってザルにあげ、炊飯器に入れる。
3 2と1/2合の目盛りまで1の戻し汁を入れて、ワカメ、生姜、塩を加えて炊く。
4 炊きあがったら、大きくさっくり混ぜ、風を入れる。

Point
生姜は、よく土を落として洗い、皮ごと細い千切りにします。

2つの粘りをまとった麦ごはん
# サトイモ納豆昆布ごはん

**材料**
白米……2と1/2合
押し麦……1/2合
サトイモ……300g
納豆昆布……20g
しょう油……大さじ2
酒……大さじ2
自然塩……小さじ1

**作り方**
1 サトイモは皮をむいて、大きいものは1/3、小さいものは1/2に切る。
2 洗った白米と押し麦を炊飯器に入れ、3合の目盛りまで水を入れてから、しょう油、酒、塩を加え、サトイモ、納豆昆布を加え、軽く混ぜて炊く。
3 炊きあがったら、大きくさっくり混ぜ、風を入れる。

**Point**
納豆昆布は昆布を細く切ったもの。熱湯をそそいで混ぜると、納豆のような粘りがでます。

３つのサイズ、３つの色のハーモニー
# つぶつぶ小豆ごはん

**材料**
白米……2と1/2合
もちアワ……1/2合
小豆……1/3合（50g）
自然塩……小さじ1
ごま塩……適量

**作り方**
1 小豆は洗って鍋に入れ、5カップの水を加えて火にかける。煮立ったら中火で30分煮る。
2 小豆とゆで汁を分け、ゆで汁はときどきかき混ぜて色をだす。
3 洗った白米ともちアワを炊飯器に入れて、ゆで汁を2と1/2合強の目盛り（目盛りの線の上）まで入れ（足りないときは水を足す）、小豆と塩を加えて炊く。
4 炊きあがったら、大きくさっくり混ぜ、風を入れる。
5 好みでごま塩をかけていただく。

### Point
ゆで汁は、玉じゃくしですくっては落としを繰り返し、冷まします。ゆで汁は空気に触れることで色が鮮やかになります。小豆には腎臓の目詰まりを解消する働きがあり、もちアワには女性の体の働きをよくする効果が期待できるので、月に1回は食べたいごはんです。

クルミと粒ソバのコクと歯ごたえが絶品
# ナッツごはん

**材料**
- 白米……2合
- 粒ソバ……1/2合
- もちアワ……1/2合
- クルミ……80g
- しょう油……大さじ2
- 自然塩……小さじ1
- 三つ葉……適量

**作り方**
1. クルミは煎って、粗く刻む。
2. 洗った白米、もちアワと粒ソバを炊飯器に入れ、しょう油と塩を加えてから2と1/2合の目盛りまで水を入れ、クルミを加え、軽く混ぜて炊く。
3. 炊きあがったら、大きくさっくり混ぜ、風を入れる。
4. 器に盛り、三つ葉を散らす。

### Point
クルミは中火で香ばしく煎ります。煎ると抗酸化成分が増えて、味もおいしくなります。160℃のオーブンで7〜8分焼いてもいいです。カシューナッツやアーモンドでもおいしいです。

美肌効果のある薬膳ごはん
## ゴボウサフランライス

**Point**
1つの花に3本しかないめしべを集めて干したサフランはとても貴重です。血の巡りをよくする効果があるといわれています。ぬるま湯に色と香りを移して使います。

### 材料
- 白米……2と1/2合
- ヒエ……1/2合
- ハト麦……大さじ2
- ゴボウ……120g
- ブレンド油（P17 *）…大さじ2
- サフラン……0.5g
- 自然塩……小さじ1/4＋小さじ2

### 作り方
1. ハト麦は熱湯につけ、フタをして30分おき、ザルにあげる。サフランは大さじ2のぬるま湯につけておく。
2. ゴボウは洗って皮つきのまま3mmの厚さで短めの斜め薄切り、さらにタテに3mm幅の千切りにする。
3. フライパンに油を熱して、ゴボウのツンとした匂いが甘い香りになるまで炒め、塩小さじ1/4をふる。
4. 洗った白米とヒエと1のハト麦を炊飯器に入れる。塩小さじ2とサフランを戻し汁ごと加え、2と1/2強の目盛り（目盛りの線の上）まで水を入れてから、3のゴボウを加え、軽く混ぜて炊く。
5. 炊きあがったら、大きくさっくり混ぜ、風を入れる。

風味満点の2種類のプチプチ感が楽しい
# エゴマとアマランサスのプチプチごはん

**材料**
白米……2と1/2合
アマランサス……1/2合
エゴマ……大さじ山盛り3
しょう油……大さじ4

**作り方**
1 あたためたフライパンにアマランサスとエゴマを入れ、30秒ほど軽く煎る。
2 洗った白米と1のアマランサスとエゴマを炊飯器に入れて、しょう油を加えてから2と1/2合の目盛りまで水を入れて炊く。
3 炊きあがったら、大きくさっくり混ぜ、風を入れる。

**Point**
煎りすぎないこと。パチパチと音がして魚っぽい香りがしてきたらOKです。エゴマには、欠乏しがちなα-リノレン酸という必須脂肪酸がたっぷり含まれています。アマランサスとともに折り紙付きの高繊維、高カルシウム食品でもあります。

# つぶつぶで楽しむ
# エスニックな炊き込みごはん

recipes 4

香辛料やトロピカル食材を1品プラスするだけ！

1さじのターメリックで、1かけの八角で、コップ1杯のココナッツミルクで……異国の味覚の旅を楽しめる無国籍創作ごはんです。

インドのお祭りごはん
# フルーツビリヤニ

材料
白米……2と1/2合
押し麦……1/2合
高キビ……大さじ2
レーズン……80g
カシューナッツ……40g
菜種油……大さじ2
ターメリック……小さじ2/3
ローリエ……1/2枚
自然塩……小さじ1と1/3
パイナップル……250g（自然塩小さじ1/3）
香菜……適量

作り方
1 高キビは熱湯につけ、フタをして30分おき、ザルにあげる。
2 カシューナッツは煎って、粗く刻む。レーズンも刻んでおく。
3 洗った白米と押し麦と1の高キビを炊飯器に入れ、油、ターメリック、塩を加えてから3合弱の目盛り（目盛りの線の下）まで水を入れ、カシューナッツ、レーズン、ローリエを加え、軽く混ぜて炊く。
4 パイナップルは1cmの厚さの一口大に切り、塩をまぶしておく。
5 炊きあがったら、大きくさっくり混ぜ、風を入れて、パイナップルを混ぜ、皿に盛って香菜をトッピングする。

ちまきのおいしさが楽しめる
# 八角風味の根菜ごはん

## 材料
| | | | |
|---|---|---|---|
| 白米……2と1/2合 | ニンジン……30g | 干しシイタケ……2枚 | 酒……大さじ2 |
| もちキビ……1/2合 | 長ネギ……50g | 昆布……5cm | 自然塩……小さじ1/4 |
| 高キビ……大さじ2 | 生姜……5g | 八角……3個 | |
| レンコン……100g | ニンニク……1かけ | ごま油……大さじ2 | |
| ゴボウ……50g | 高野豆腐……2枚 | しょう油……大さじ6 | |

## 作り方
1 高キビは熱湯につけ、フタをして30分おき、ザルにあげる。
2 レンコン、ゴボウ、ニンジンは洗って、皮つきのまま小さい乱切りにし、高野豆腐は戻してから4mm角に切る。長ネギは4mmの小口切り、生姜とニンニクは千切り、干しシイタケは戻して4mm角に切る。
3 フライパンに油を熱してゴボウを加え、ゴボウのツンとした匂いが甘い香りになるまで炒める。生姜、ニンニク、レンコン、長ネギ、シイタケ、高野豆腐、ニンジンの順に加えて炒めていく。
4 洗った白米ともちキビと1の高キビを炊飯器に入れ、しょう油、酒、塩を加えたら、シイタケの戻し汁を入れ、2と1/2合の目盛りまで水を足す。3の野菜、昆布、八角を加えて炊く。
5 炊きあがったら、八角を取り出してから、大きくさっくり混ぜ、風を入れる。

### Point
八角は、英名スターアニスと呼ばれる甘みのある強い香りのスパイスです。中華料理の五香粉の香りの中心で、ゴージャスな中華メニューに欠かせません。

レンコンがごはんの中でタコ風食感に
# レンコンとキヌアのタコ飯風

## 材料
- 白米……2と1/2合
- キヌア……1/2合
- レンコン……400g
- オリーブ油……大さじ1
- 自然塩……小さじ2
- ニンニク……3かけ（約12g）
- 薄口しょう油……大さじ1＋大さじ1
- 菜種油……大さじ1
- 黒オリーブの実（瓶詰め）…20粒
- イタリアンパセリ…適量

## 作り方
1. レンコンは洗って皮をむかずに一口大の乱切りにする。ニンニクはすりおろす。
2. 洗った白米とキヌアを炊飯器に入れ、菜種油と薄口しょう油大さじ1を加えたら、2と1/2合の目盛りまで水を入れる。
3. 1のレンコンをボウルに入れて塩とオリーブ油をまぶしてから加え、ニンニクも入れて炊く。このとき、炊飯器の水を少し取って、ボウルについた塩を溶かして炊飯器に入れる。
4. 黒オリーブの実は種を取り、小さく切る。
5. 炊きあがったら、4のオリーブと薄口しょう油大さじ1を加え、大きくさっくり混ぜ、風を入れる。
6. 器に盛り、イタリアンパセリをトッピングする。

**Point**
レンコンは、皮ごと大きめの一口大に切ることと、塩と油をまぶしてから加えるのが、おいしさの秘密です。

現地では竹筒に入れて炊くタイの定番ごはん
# ココナッツ風味のパープルライス

**材料**
白米……2と1/2合
黒米……1/2合
ココナッツミルク…1缶（400cc）
自然塩……小さじ1
マンゴー……適量

**作り方**
1 黒米は熱湯につけ、フタをして30分以上おいて、ザルにあげる。
2 洗った白米、1の黒米を炊飯器に入れ、ココナッツミルクを加え、3合弱の目盛り（目盛りの線の下）まで水を入れ、塩を加えて炊く。
3 炊きあがったら、大きくさっくり混ぜ、風を入れる。
4 器に盛り、一口大に切ったマンゴーを添える。
＊炊いて少したった方が、味がなじんでおいしい。

**Point**
ココナッツミルクは、ココヤシの実の白色脂肪層を細かくすりおろし、水を加えて搾ったものです。スパイスと合い、エスニック料理にまろやかさを演出します。冷めてもおいしいごはんです。

つぶつぶ食感のハーモニーを楽しむ
# 五穀パエリア

**材料**
- 白米……1カップ
- もちアワ……1/4カップ
- もちキビ……1/4カップ
- ヒエ……1/4カップ
- 押し麦……1/4カップ
- ゴボウ……80g
- ニンジン……25g
- レンコン……50g
- タマネギ……1/2個
- トマト……1個
- 干しシメジ……4g
- 昆布……5cm角
- 水……3と1/2合
- 自然塩……小さじ2
- ごま油……大さじ1と1/2

**作り方**
1. タマネギ以外の野菜は、皮をむかずに切る。ゴボウは斜め薄切りをタテ半分切りに、レンコンは細く小さい乱切りに、ニンジンは短めのささがきにする。タマネギはまわし切りにする。トマトはヨコ半分を8等分のくし切りにする。
2. 分量の水に干しシメジと昆布をつけておく。
3. パエリア鍋（なければフライパン）に油をひき、ゴボウを加え、ゴボウのツンとした匂いが甘い香りになるまで炒める。タマネギ、レンコン、ニンジンの順に炒めたら、干しシメジと昆布を戻し汁ごと加える。
4. 沸騰したら、洗った五穀と塩を入れ、水分がなくなるまでかき混ぜながら煮る。
5. 水分がほとんどなくなったらトマトを加え、さっと混ぜて、フタをして15分炊く。
6. 炊きあがったら、大きくさっくり混ぜ、風を入れる。

＊炊くときに、好みでサフランを加えてもキレイでおいしい。

**Point**
ゴボウは、斜め薄切りをタテ半分に切ります。ニンジンもレンコンも、切り方の工夫で、パエリアの具として新鮮な食感が楽しめます。

もやしとキムチは相性抜群
# キムチライス

材料
白米……2と1/2合
粒ソバ……1/2合
キムチ……400g
自然塩……小さじ1
モヤシ……1袋（約250g）
ごましょう油ダレ……
　　しょう油小さじ2＋ごま油小さじ1

作り方
1　キムチは一口大に切る。
2　洗った白米と粒ソバと塩を炊飯器に入れ、2と1/2合の目盛りまで水を入れたら、キムチをのせて炊く。
3　炊きあがったら、モヤシを入れてフタをして10分蒸らす。
4　蒸らし終わったら、大きくさっくり混ぜ、風を入れる。
5　ごましょう油ダレをかけていただく。
＊使うキムチの味によって、キムチの量は加減してください。

### Point
大豆モヤシ入りの炊き込みごはんは韓国の人気日常料理ですが、ここでは普通のモヤシを使います。キムチを入れて炊いた雑穀ごはんの炊きあがりに、モヤシをたっぷりのせて蒸らしたら、モヤシのシャキシャキさっぱり感と、コックリ辛いキムチごはんのバランスが絶妙な今時ごちそうごはんができました。

COLUMN 2

# ごはんの保存法とおいしい蒸し方

ごはんはあまり少量だと、いまひとつおいしく炊けません。
一人暮らしでも3合炊いて、レシピの展開活用を楽しみましょう。
炊きあがったごちそうごはんの3つのおいしい保存法を紹介します。

保存法 1

1番目の方法は、炊きあがった雑穀ごはんのうち、すぐに食べる分以外はバットなどに広げて冷まします。冷めたらフタをして冷蔵庫に保存。これで1週間はもつので、蒸したり、チャーハンにしたり、リゾットにしたりして楽しみましょう。料理時間も燃料も大きく節約できるので、おすすめです。

保存法 2

2番目は、粗熱がとれたところでおにぎりにしてしまう保存法です。1個80gくらいのスリムで薄めの三角おにぎりを握って、フタつき容器に入れて冷蔵します。厚手のフライパンを熱して弱火でじっくり両面を焼くと、香ばしいごちそうおにぎりが楽しめます(P62)。焼いたおにぎりをお椀に入れて、スープをかけるのもいいですね。また、一部は、俵型や小判型に握っておけば、いつでも手軽においしいつぶつぶコロッケが作れます(P47)。

保存法 3

3番目の方法が冷凍です。長く留守にしたり、食べる機会がないときは冷凍します。おにぎりにしてバットにのせて凍らせ、ポリ袋に移して保存します。
解凍するときは、なんといっても蒸籠がおすすめです。手持ちの鍋に合う木の蒸籠を2段用意しておくと、電子レンジがなくても手軽にごはんを解凍できます。ごはんをあたためながら、スープが作れたり、おかずの下ごしらえもできて便利です。木の蒸籠で蒸したごはんは香り高く、おいしく蒸し上がります。お湯が煮立って強く蒸気が上がっている状態で蒸すのがコツです。蒸し時間の目安は、15分。

# 炊き込みごはん
# 活用術 1

recipes
5

あっという間のチャーハンとリゾット！

1種類の具を加えるだけで、おいしいチャーハンが作れます。
水と塩を加えるだけで、おいしいリゾットが作れます。
このシンプルな基本技をマスターすれば、レシピ中にある
ごちそうごはん以外のどれでもおいしく作れるので、いろいろ
チャレンジしてみましょう。

黄色と白のコーンごはんにグリーンが映える
# コーンごはんのチャーハン

**材料**
**コーンごはん（P20）**…180g
**インゲン**……35g
**ブレンド油（P17＊）**…小さじ2
**自然塩**……小さじ1/6

**作り方**
1　フライパンに油を熱し、斜めに小さく切ったインゲンをさっと炒める。
2　ごはんを加えてよく炒めたら、塩で味を調える。

Point
よく熱したたっぷりめの油で炒めると、鍋にこびりつかずにパラッとおいしく炒められます。バットなどに広げて冷ましたポロポロのごはんの方が、じょうずにできます（P38）。

プチプチ感とシャキシャキ感の出会いが新鮮
## アマランサスごはんのチャーハン

**材料**
干しシメジ入りアマランサスごはん（P10）…180g
レタス……80g
しょう油……小さじ1
酒……小さじ1
ブレンド油（P17 ＊）…小さじ2

**作り方**
1 フライパンに油を熱して、ごはんを炒め、酒としょう油をふる。
2 一口大にちぎったレタスを加え、さっと炒め混ぜる。

**Point**
炒めるときに酒を加えると、ふっくらまろやかな仕上がりになります。酒がないときは、水でもよいでしょう。

うま味エキスの中にとろける白キクラゲ
# 白キクラゲ&ネギごはんの中華粥風リゾット

**材料**
白キクラゲ&ネギごはん（P24）
　………………180g
水……1カップ
ネギ……10g
クコの実……3粒
松の実……6粒
ごま油……小さじ1
自然塩……小さじ1/3

**作り方**
1　鍋に水、塩、ごはんを入れて中火にかける。煮えてきたら中弱火にして、千切りにしたネギを加え、ときどきかき混ぜながら5分くらい煮る。仕上げにごま油を加えて混ぜる。
2　器に盛り、クコの実と煎った松の実をトッピングする。

### Point
水と塩を加えて煮込むだけで、本格リゾットが作れます。好みの具を加えたり、トッピングを工夫するのも楽しいですね。

ゴボウのだしと歯ごたえが利いてます

## ゴボウサフランライスのトマトリゾット

### 材料
ゴボウサフランライス（P29）…180g
水……1カップ
タマネギ……30g
トマト……20g
自然塩……小さじ1/3

### 作り方
1 タマネギはヨコ半分に切り、薄いまわし切りにし、トマトは1cm角に切る。
2 鍋に水、塩、ごはん、タマネギを入れて中火にかけ、煮えてきたら中弱火にして、ときどきかき混ぜながらごはんがやわらかくなるまで煮る。
3 トマトを加えて、さらに5分煮る。

### Point
少し水分が残るくらいの煮上がりで、火を止めます。ごはんがやわらかくなる前に水がなくなってしまったら、お湯を足して混ぜ、さっと煮ます。

ミルク粥に包まれたおイモが舌にとろける
## 3色イモごはんの豆乳ミルク粥

**材料**

3色イモごはん（P16）…180g
水……3/4カップ
豆乳……1/2カップ
カシューナッツ……20g
シナモン……適量

**作り方**

1 鍋に水とごはんを入れて、中火にかけ、煮えてきたらときどきかき混ぜて、ごはんがやわらかくなるまで中弱火で煮る。
2 煎って粗く刻んだカシューナッツと豆乳を加えて、コトコトと沸騰させずに、豆乳が熱くなるまで5分くらい煮る。
3 シナモンをふる。

＊煮詰まりすぎたときは、お湯1/4カップを足します。

### Point
豆乳を加えると、タイプの違うクリーミーなリゾットが楽しめます。豆乳は仕上げに入れます。豆乳を入れたら煮すぎないのがおいしさのポイント。

# 炊き込みごはん
# 活用術 2

recipes
6

## ごはんで作るユニークおかず！

つぶ感があり、味も濃い炊き込みごはんは、
うま味の利いた食材としても大活躍です。
「小さめ」「薄め」「表面積大きく」が、
ごはん料理の極意です。
どのごちそうごはんでも作れるレシピです。
いろいろなおいしさを、楽しんでみましょう。

ごはんとは思えないコクと食感
# コフタ＆ハンバーグ

●コフタ
材料（6〜7個分）
エゴマとアマランサスの
　プチプチごはん（P30）…100g
小麦粉…15g（ごはんの見た目の1/3）
揚げ油（ブレンド油→P17＊）…適量

作り方
1　ごはんに小麦粉を加え、さっと混ぜて一口大に握る。
2　油で揚げる。

**Point**
ごちそうごはんに見た目で1/3の小麦粉を加えてつなぐと、ボールやハンバーグが簡単に作れます。小麦粉を入れたら、水が出ないうちにさっと混ぜて、すぐに形にして料理します。

●ハンバーグ
材料（約80gサイズで4個分）
ナッツごはん（P28）…200g
タマネギ…60g
レンコン…100g
小麦粉…1/4カップ
自然塩…小さじ1/4
ブレンド油（P17＊）…適量

作り方
1　タマネギはみじん切りにして、油小さじ2で炒める。レンコンはすりおろす。
2　ごはん、タマネギ、レンコン、塩を混ぜてから、小麦粉を加え、さっと混ぜる。2を4つに分け、ハンバーグ型に握る。
3　あまり厚くしないで、薄めで表面積を多く作るのがおいしさのコツ。フライパンに大さじ2〜3の油をひき、
4　ハンバーグをこんがり焼く。油は、ハンバーグを置いてあまるくらい多めにして焼くのがポイント。
＊ニンジンピューレと梅酢を混ぜたソースや、トマトピューレに味噌で味つけしたソースが合います。

**Point**
ハンバーグの材料です。レンコンは、ニンジンやほかの野菜のすりおろしにもかえられます。

主食にもなるごちそうコロッケ！
# コロッケ

材料（小判型4個、丸型10個分）
味噌ジャガキビごはん（P22）…200g
つぶつぶトマトライス（P9）…200g
パン粉……適量
揚げ油（ブレンド油→P17 *）…適量

［溶き粉］
小麦粉……1/2カップ
水……1/3カップ強
自然塩……小さじ1/4

作り方
1 味噌ジャガキビごはんは1個50gの小判型に4個握る。
2 つぶつぶトマトライスは1個20gの丸型に10個握る。
3 溶き粉とパン粉をつけ、揚げる。

Point
溶き卵よりも、上質の小麦粉を溶いた衣の方が、素材の味を引き立てます。粉と塩を菜箸で混ぜ、真ん中に穴をあけて、小さく箸をまわして水をそそぎながら溶くと、ダマにならずにきれいな衣が作れます。

ごはんギョウザはタレが決め手
# オーブン焼きギョウザ&蒸しギョウザ

●オーブン焼きギョウザ
材料（大判6個分）
レンコンとキヌアのタコ飯風（P34）…120g
ギョウザの皮…大判6枚
オリーブ油…大さじ1
自然塩…小さじ1/4

作り方
1 ごはんの中のレンコンを4つくらいに小さく切って戻す。
2 1のごはんを6等分してギョウザの皮で包む。
3 180℃のオーブンで5分焼き、裏返して3分焼く。
4 小皿にオリーブ油を入れて塩を溶かし、つけていただく。

＊オーブントースターでも焼けます（目安は5分）。

●蒸しギョウザ
材料（大判6個分）
黒米ヒエ大根ごはん（P21）…60g
ネギ…50g
ギョウザの皮…大判6枚
ニラソース…大さじ2

作り方
1 ごはんをボウルに入れて、ナイフで具の大根を細かく切り、みじん切りにしたネギを加える。
2 ギョウザの皮に包む。
3 蒸籠で15分蒸す。
4 小皿に盛ったニラソースをつけていただく。

＊ギョウザの皮は、かん水を使わず小麦粉と塩だけで作られたものを選びます。

[ニラソース]
しょう油…大さじ3
梅酢…大さじ1
ごま油…小さじ2
ニラ…25g

Point
特製配合のたれにニラの小口切りをたっぷり漬け込みます。ニラの保存法としても優れもの。漬けてすぐでも、よく漬かったものでもおいしいので便利です。

手軽さと反比例する満足感
# 油揚げ詰めごはんのオーブン焼き

材料（6個分）
ワカメ生姜ごはん（P25）…180g
油揚げ……3枚
しょう油……適量

作り方
1. 油揚げは、半分に切って中を開く。
2. ごはん6等分（30gずつ）をそれぞれの油揚げに詰め、200℃のオーブンで5分焼く。裏返してさらに5分焼く。オーブントースターでもOKです。
3. 熱々なところに、ハケでしょう油を両面に塗る。

Point
箸を転がしてから開くと、破れず開けてカンタン！

レモンとトマトの酸味が融け合う
# レモン風味のスタッフドトマト

## 材料
レモン風味きのこごはん（P18）……200g
トマト……中4個
自然塩……小さじ1/2

## 作り方
1. トマトはヘタの部分を切ってフタを作り、中身をスプーンでくり抜き、塩（分量外）をふる。フタにも忘れずに塩（分量外）をふる。
2. ごはんに塩を混ぜてから、4等分（50gずつ）をそれぞれのトマトに詰め、フタをする。
3. 200℃のオーブンで10分焼く。フタを取り出し、さらに5分焼く。オーブントースターでもOKです。
4. 皿に盛って、フタをのせる。

## シンプルでおいしい
## 毎日の雑穀ごはん

白米に2〜3割の雑穀と自然塩を入れて、スイッチ、ポン！
+1穀、+2穀、+ミックス雑穀、目にも個性豊かなつぶつぶが楽しく、
舌にうま味がはじける栄養豊かな雑穀ごはんが炊きあがります。
白米と雑穀の比率や雑穀と雑穀の割合を変えれば、
バリエーションは無限です。

自然のうま味と栄養を
丸ごと封じ込めた
つぶつぶ雑穀の個性的な
仲間たち！

### 雑穀って何？

雑穀は米、小麦以外の穀物を総称する言葉です。赤米、黒米などの有色古代米を、雑穀の仲間に含めることもあります。

穀物といえばイネ科というイメージがありますが、ソバはタデ科、アマランサスはヒユ科、キヌアはほうれん草と同じアカザ科と多様です。

### パーフェクトな雑穀の栄養

雑穀に含まれる繊維、ミネラル類、ビタミンB群の豊富さには、目を見張るものがあります。とくに、ビタミンB1、亜鉛、銅、マグネシウムなど穀物主食の火山土壌に住む日本人の体に必要な栄養がギッシリ。

雑穀の色は若さを保つ抗酸化栄養素の色です。

驚くことに、小さな粒の中にすべての必須アミノ酸が含まれているそうです。

### DNAを目覚めさせる雑穀のおいしさ

古代から食べ継がれてきた雑穀には、野性の生命力が宿っています。

雑穀を食べると、DNAレベルで満足するおいしさが味わえます。

それは、体が本来もっている野性の生命力を目覚めさせるおいしさです。

自然界の生命力の結晶である雑穀には、地球上に存在するおいしさのエッセンスが、すべて詰まっているのを実感しています。

Group 1

## グループ1
粒が小さく煮えやすい
炊きあがりはやわらかい

### ヒエ
体をあたためる力が一番強い。
味わいはクセがなく、淡泊な中にミルキーなコクがある。
ホクホクした炊きあがり。マンガンを多く含む。

### もちアワ
クセがなく、ほんのり甘いチーズ感覚の
とろりとしたもっちり感が魅力。
一番甘みのある雑穀なので、お菓子にも向く。
鉄分が多く造血効果が期待できる。

### もちキビ
炊きあがりは美しい鮮やかな黄色。
卵風味のふんわり感のあるとろみとコクがおいしい。
たんぱく質とビタミン$B_6$に富み、
コレステロールを下げる効果が期待できる。

### Group 2

### グループ 2
粒が大きく煮えにくい
炊きあがりは歯ごたえがある

### 高キビ
煮えにくいので熱湯に
30分（水の場合は一晩）つけてから使う。
挽肉感覚の弾力感のあるキュッとした
歯ごたえがおいしい。
マンガンが多く、解毒力が高いといわれている。

### ハト麦
煮えにくいので熱湯に30分
（水の場合は一晩）つけてから使う。
弾力のある炊きあがり。
脂肪の代謝をスムーズにし、
肌を白く美しくする効果があるといわれている。

### 赤米
日本の米の祖先でお赤飯のルーツといわれる。
うるち玄米なので、さらっとした食感。
殻や皮が赤く、中は白い。
白米にはない薬効成分が豊富に含まれている。

### 黒米
米の祖先。もち玄米で色はアントシアニンという
濃い紫色のポリフェノールの色。
若返りの効果が期待できる。
味わいは白米より濃く、特有の風味がある。

**Group 3**

## グループ3
洗わず使えて煮えやすい
食感はやわらかい

**Group 4**

## グループ4
南米原産でふやけない
つぶつぶ感のある炊きあがり

### 粒ソバ
ルチンが豊富で、血管の老化と
心臓病を予防する働きが期待できる。
ポリフェノールも豊富。
煮えやすく、つるんとした粒マカロニ風の食感が楽しめる。

### キヌア
アンデスの耕地で育つ雑穀。
透明感のある粒は歯ごたえがありながら、
ふわっとおいしい。繊維が豊富。
粒は扁平で胚芽がまわりに糸状についている。

### 押し麦
蒸してつぶして乾燥した大麦。
パスタ感覚の弾力のある歯ごたえがおいしい。
米に不足している必須アミノ酸が豊富。
繊維は白米の約19倍も含まれる。

### アマランサス
たらこ以上にプチプチした食感のある
ケシ粒ほどの雑穀。独特の強い香りが特徴。
マンガン、亜鉛、鉄が豊富でカルシウムは
白米の約32倍も含まれている。

# つぶつぶ雑穀ごはんのおいしい炊き方

雑穀の量と取り合わせ、塩加減、水加減が、おいしさのポイントです。
米も雑穀も、とがずにサラサラと洗います。
最初の水を吸うので、洗い始めから良い水を使いましょう。
塩は、日本の海水から作られた自然塩を使います。

**1 白米と好みの雑穀を準備する**

**2 白米と雑穀を洗う**

大きめのボウルに入れて、たっぷりの水をそそいで混ぜ洗いする。浮いてくるゴミや未熟の粒と一緒に水を捨て、これを数回繰り返してから目の細かいザルにあげる。

**3 水と塩を入れる**

3合に小さじ1弱の塩加減が、雑穀のおいしさを引き出すポイント。水加減の基本は、もちアワ、もちキビの場合は、白米の量に合わせる。ほかは、白米+雑穀の総量に合わせる。「強」は目盛りの線の上まで、「弱」は目盛りの線の下まで入れる。

＊秋から出回る新米は水分が多く、6月以降のお米は水分が少ないことを頭に入れて水加減を微調整すると、いつでもおいしく炊けます。

**4 風を入れる**

炊きあがったら、しゃもじで下から上に返すように大きくさっくり混ぜ、風を入れる。

＊残ったらおにぎりにするか、バットに広げて冷蔵すると、味がおちず1週間は保存できます（P38）。

## 白米+1穀ごはん（8種） それぞれの雑穀のうま味が感動的！

もちアワともちキビを入れると、もっちりごはんになります。
水加減は少なめにします。
ヒエやうるちアワ、うるちキビ、アマランサスやキヌアを入れると、
ふんわりパラリとしたごはんになります。水加減は多めにします。

白米………2と1/2合
雑穀………1/2合
自然塩……小さじ1弱
水…………2と1/2合強の目盛り（もちアワ、もちキビ以外の場合は3合の目盛り）

**もちキビごはん**
白米の白ともちキビの鮮やかな黄色の
コントラストが美しいビビッドなごはん

**ヒエごはん**
白いごはんにまとわるミルキーカラーの
小さな粒に濃いうま味がある

**うるちキビごはん**
パラッとおいしい炊きあがりで、
カレーなどエスニックなメニューに合う

**押し麦ごはん**
存在感のある大粒の麦がプルンとおいしい
さわやかな食感のごはん

大粒でかための雑穀はふんわり量って、
熱湯に30分か、水に一晩つけてから炊き込みます。
水加減は、白米＋雑穀分です。
高キビ、黒米、赤米は少量で色が出るので、入れすぎに注意しましょう。

白米………3合
雑穀………大さじ2（熱湯をそそぎ、フタをして30分おき、水をきる）
自然塩……小さじ1弱
水…………3合の目盛り＋大さじ2の水

**高キビごはん**
紅色のつぶつぶが美しい、
歯ごたえを楽しむごはん

**黒米ごはん**
香り高い赤紫のもちもちごはん

**赤米ごはん**
粘りの少ないプリッとした食感のごはん

**ハト麦ごはん**
存在感があり、味わいも独特で濃い薬膳ごはん

## 白米+2穀ごはん（4種） つぶ感とうま味のハーモニー！

個性の違う雑穀を2種類組み合わせて炊き込むと、
おいしさのバリエーションは何倍にも広がります。
同じグループの雑穀なら水加減も簡単。
グループ違いの雑穀を組み合わせるときは、それぞれの中間の水加減で炊きます。

### アワ・ヒエごはん

もっちりとほろっ、クリーム色とオフホワイト、
2種類の粒のトーンがおいしい

白米……2合
もちアワ……1/2合
ヒエ……1/2合
自然塩……小さじ1弱
水……2と1/2合の目盛り

### 高キビ・アワごはん

かみごたえのある高キビと粘りのある
もちアワのミックスバランスが絶妙

白米……2合
もちアワ……1合
高キビ……大さじ2
（熱湯をそそぎ、フタをして30分おき、水をきる）
自然塩……小さじ1弱
水……2と1/2合の目盛り＋大さじ2の水

### 黒米・キビごはん

くせのない上品な味わいとお赤飯のような
鮮やかな炊きあがり、もちもち感も絶妙

白米……2合
もちキビ……1合
黒米……大さじ2
（熱湯をそそぎ、フタをして30分おき、水をきる）
自然塩……小さじ1弱
水……2と1/2合の目盛り＋大さじ2の水

### キヌア・アマランサスごはん

2種類の透明感のある粒が白に映えて美しく、
2種のつぶつぶ感がおいしい

白米……2合
キヌア……1/2合
アマランサス……1/2合（洗わなくていい）
自然塩……小さじ1弱
水……2と1/2合の目盛り

## ミックスごはん（4種）　歯ごたえも加わって風味満点！

思いがけない組み合わせが、思いがけないおいしさのハーモニーを生み出します。同じグループで、反対のトーンを混ぜて、いろいろな冒険が楽しめます。

### 4穀ミックスごはん
雑穀がナッツ感覚で楽しめるごはん

白米……2合
粒ソバ……1/2合
もちアワ……1/4合
ヒエ……1/4合
自然塩……小さじ1弱
水……2と1/2合の目盛り

### 紫5穀ミックスごはん
ココナッツカレーやホワイトソースドリアに合うごはん

白米……2合
押し麦……1/3合
黒米……大さじ2
（熱湯をそそぎ、フタをして30分おき、水をきる）
ヒエ……大さじ1
もちアワ……大さじ1
自然塩……小さじ1弱
水……2と1/2合の目盛り

### 6穀ごはん
彩りも味わいもナチュラルで深い
5穀スペシャルミックスを楽しむ

白米……2と2/3合
5穀ミックス……1/3合
自然塩……小さじ1弱
水……3合の目盛り

### 麦入り5穀ごはん
煮えやすい雑穀4種のハーモニーがおいしい
夏向きごはん

白米……2合
もちアワ……1/4合
もちキビ……1/4合
ヒエ……1/4合
押し麦……1/4合
自然塩……小さじ1弱
水……2と1/2合の目盛り

# 簡単アレンジ！
# 雑穀ごはん活用術

recipes
7

パーティーの主役にもなれる
人気者のごはん活用レシピ！

雑穀入りごはんは、ごはんそのものにコクとうま味があるので、いろいろな楽しみ方ができます。
すべてのレシピが、どの雑穀ごはんでも作れるので、気軽に楽しんでみてください。

つぶつぶごはんのおにぎりは、味わいが濃い
# 焼きおにぎり

### 材料（4個分）
もちキビごはん（**P57**）……約320g
自然塩……適量
しょう油……適量
麦味噌……約小さじ1
クルミ……適量

### 作り方
1 手に塩をつけてごはんを4個に握る（1個約80g）。
2 フライパンを熱してあたたまったら、1をのせ、弱火にして両面5分ずつ焼く。
3 しょう油味の方の2個には、ハケでしょう油を塗り、さっと焼く。もう片面も同様に焼く。味噌味の方の2個には、麦味噌を片面に塗り、煎って刻んだクルミを散らす。

＊好みの味噌でOKです。

食欲全開のおいしさ
## おにぎりのカレームニエル

**材料（10個分）**
ヒエごはん（P57）……150g
紫5穀ミックスごはん（P60）……150g
小麦粉……大さじ1
カレー粉……小さじ1
自然塩……小さじ1/2
ブレンド油（P17 *）……適量

**作り方**
1 ごはんを俵型に1個30gの大きさで10個握る。
2 小麦粉、カレー粉、塩を混ぜておく。
3 おにぎりの上下に2の粉をつける（側面にはつけないこと）。
4 フライパンに大さじ2の油を熱し、3のおにぎりをのせて、こんがり焼く。裏返したら大さじ1の油を足し、裏面もこんがり焼く。

**Point**
中温の油でカリッとなるまで焼きます。外はカレー風味のカリカリで、その間からほんわりあたたかい雑穀ごはんが舌に広がります。

シンプルなのに極上の中華メニュー
# ごましょう油ダレの中華おこわ

**材料**

6穀ごはん（P60）……300g

ザーサイ……25g

白ごま……大さじ2

ごましょう油ダレ…
　　しょう油小さじ2＋ごま油小さじ1

**作り方**

1　ごはんにみじん切りにしたザーサイを少し残して混ぜる。

2　白ごまを煎り、切りごまにして少し残して1に混ぜ、器に盛って残りのザーサイとごまをトッピングする。

3　しょう油とごま油を混ぜてごましょう油ダレを作り、食卓でごはんにかける。

＊ザーサイのかわりに高菜漬けのみじん切りでもおいしく作れます。

**Point**
しょう油を半量のごま油で割るだけ。
万能中華ダレのできあがりです。

みじん切りの漬け物たちが、目にも舌にもあざやか！
# 漬け物混ぜごはん

**材料**
高キビごはん（P58）…300g
たくあん……25g
紅生姜……10g
白ごま……大さじ1
青海苔……適量

**作り方**
1. たくあん、紅生姜はみじん切りにする。白ごまは煎って、切りごまにしておく。
2. ごはんに1と青海苔を混ぜる。

Point
2種の漬け物と青海苔と白ごまの取り合わせがすばらしい混ぜごはんです。漬け物は、細かく切るほどおいしい混ぜごはんになります。

カルシウムと葉緑素がいっぱい
## 菜飯

**材料**
赤米ごはん（P58）……300g
大根葉……50g
自然塩……小さじ1

**作り方**
1 大根葉を2〜3mm幅に細かく刻んで、塩をまぶし、しっかりもんで水をぎゅっと搾る。
2 あたたかいごはんに1を混ぜる。

### Point
大根の葉は黄色くなった葉を取り除いて元気のいい葉っぱを小口から2〜3mm幅に切ります。大きな葉は、さらに細かく切ります。1％の塩をまぶしてしんなりしたら、キュッともんで炊きたてごはんに混ぜます。

梅酢風味の雑穀すし飯が新鮮味
# 海苔巻き

**材料（細巻き2本、裏巻き1本分）**

黒米・キビごはん（P59）…300g
梅酢……小さじ2
海苔……1枚半
キュウリ……1/2本
白ごま……適量
青シソ……3枚

**作り方**

1 ごはんに梅酢を混ぜる。
2 1のごはん75gを半分に切った海苔に広げ、軽く押して、タテに6つ割りにしたキュウリをはさんで細巻きにする。2本作る。
3 巻き簾にラップをしき、1のごはん100gをのせて海苔の幅にごはんを広げる。海苔をごはんの上にのせ、青シソ3枚をおき、さらにごはん50gを広げて軽く押して巻く。煎った白ごまを、まわりにまぶす。

**Point**
ごはんの甘みとうま味を楽しむためには、砂糖などの強すぎる甘味は邪魔です。梅酢でキリッとした酸味を演出しましょう。

シャキッとさわやかな手巻きごちそうごはん
# キャベツ手巻きごはん

**材料**

好みの雑穀ごはんまたは炊き込みごはん……適量

キャベツの葉……適量

長ネギの千切り……適量

煎って刻んだクルミ……適量

ごましょう油ダレ…適量（しょう油小さじ2：ごま油小さじ1）

**Point**
キャベツの葉は、そのままはがすとちぎれてしまいます。丸ごとお風呂に入れる要領で、はがしながらやわらかくゆでます。ゆで汁には塩を入れます。

**作り方**

1 キャベツは芯の部分に切り込みを入れ、塩を入れたたっぷりのお湯に芯を上にして入れる。箸で転がして芯の部分を下にすると、外側の葉がはがれてくる。これを繰り返して1枚ずつ葉をはがしながらゆでる。

2 キャベツとごはんと長ネギの千切りと刻んだクルミを皿に盛り、ごましょう油ダレと一緒にテーブルに並べる。

3 食べる人それぞれが、ゆでたキャベツの葉にごはんをのせ、長ネギ、クルミをトッピングして、ごましょう油ダレをかけて手巻きごはんを楽しむ。

## 雑穀ごはんに合わせて栄養アップ！
### 簡単クイックレシピ

つぶつぶ雑穀ごちそうごはんに、お湯をそそぐだけのスープと、入れておくだけの味噌漬けをそえれば、栄養バランスは満点です。

# お湯をそそぐだけの簡単「海藻スープ」

海のミネラルと葉緑素と水溶性繊維など、
新しい細胞づくりに欠かせない栄養が海藻にはたっぷり詰まっています。
香味野菜と合わせて熱湯をそそぐだけで、
身も心も若返らせてくれる香り豊かなヘルシースープができあがります。

## 岩のりと三つ葉のスープ

材料(1人分)
焼き岩のり……1g
三つ葉……1本
しょう油……小さじ2
熱湯……3/4カップ

作り方
お椀にほぐした岩のり、ざく切りにした三つ葉、しょう油を入れ、熱湯をそそぐ。

## フノリと生姜のスープ

材料(1人分)
フノリ……0.5g
生姜……2g
自然塩……小さじ1/4
熱湯……3/4カップ

作り方
お椀に皮ごと千切りにした生姜、フノリ、塩を入れ、熱湯をそそぐ。

## とろろ昆布とカブのスープ

材料(1人分)
とろろ昆布……1g
カブ……6g
自然塩……小さじ1/6
しょう油……小さじ1
熱湯……3/4カップ

作り方
お椀に皮ごと薄切りにしたカブ、とろろ昆布、塩を入れ、熱湯をそそぐ。しょう油を加え、香りを出す。

## もずくと春菊のスープ

材料(1人分)
塩蔵もずく……50g
春菊……5g
自然塩……小さじ1/3
熱湯……3/4カップ

作り方
お椀に水につけて塩抜きしたもずく、ざく切りにした春菊、塩を入れ、熱湯をそそぐ。

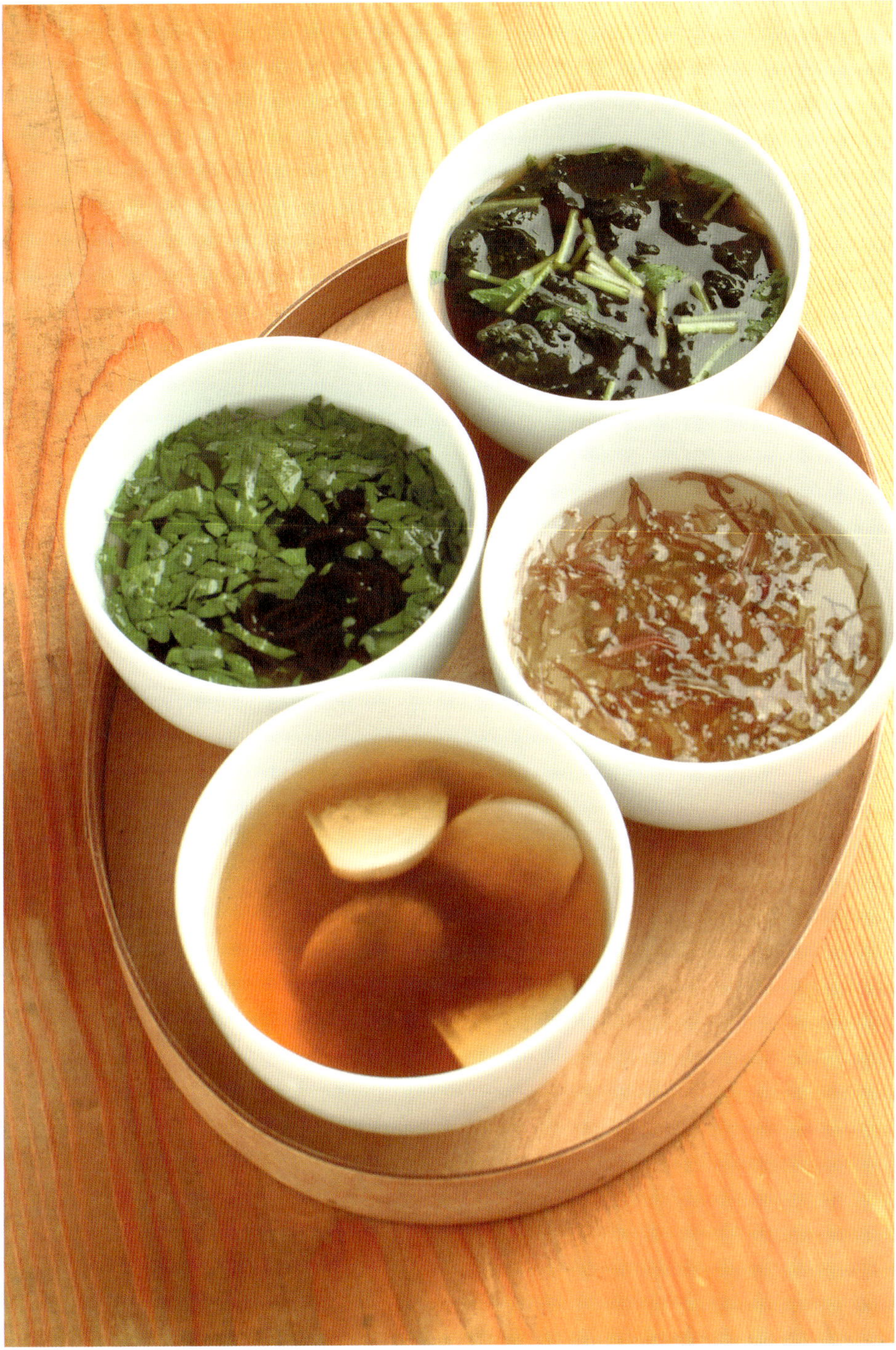

## 干して、ゆでて、入れるだけの簡単「味噌漬け」

雑穀入り炊き込みごはんに、海藻スープと味噌漬けで、
完全栄養バランスの食卓になります。
味噌漬けがあれば、それだけでおかずとして充分。
手軽に味噌が補給できて便利です。
半干しにして漬ける、さっとゆでて漬ける、塩でもんで漬ける、
どれも素材の水分を減らして漬けるための方法です。
漬け床は、うま味噌として煮ものや汁ものに使い、どんどん補給しましょう。

### 半干しにして漬ける
1 シイタケは軸を取って半分に切り、斜めに削ぎ切りにしてさらに半分にする。軸はタテ1/2に切る。半日から1日ほど半干しにする。
2 小さめのタマネギを1/8のくし切りにする(根の方のつながった部分を切り落とさないこと)。
3 竹製のザルに広げて、半日から1日干す。

### 5分ゆでて漬ける
4 ゴボウは5cmの長さに切り、タテに6つ割りにして、5分ゆでる。ニンジンは5mmの輪切りにして、3分ゆでる。レンコンは皮ごと5mm幅の輪切りか半月切り、太いものはイチョウ切りにして、3分ゆでる。

### 塩でもんで漬ける
5 コンニャクは塩でもんで削ぎ切りにする。

### 味噌に漬け込む
6 容器に味噌を5cmくらいの高さに詰めて、野菜を埋めるように漬け込み、味噌でフタをする。味噌は、麦、豆、またはミックス、それぞれおいしい。

Point
味噌漬けは、漬け込んで半日ぐらいから食べられます。長く保存可能で、あまった野菜の保存活用法としてもおすすめです。漬け床の味噌は、野菜のエキスがしみておいしいので、味噌汁や煮物にどんどん活用しましょう。

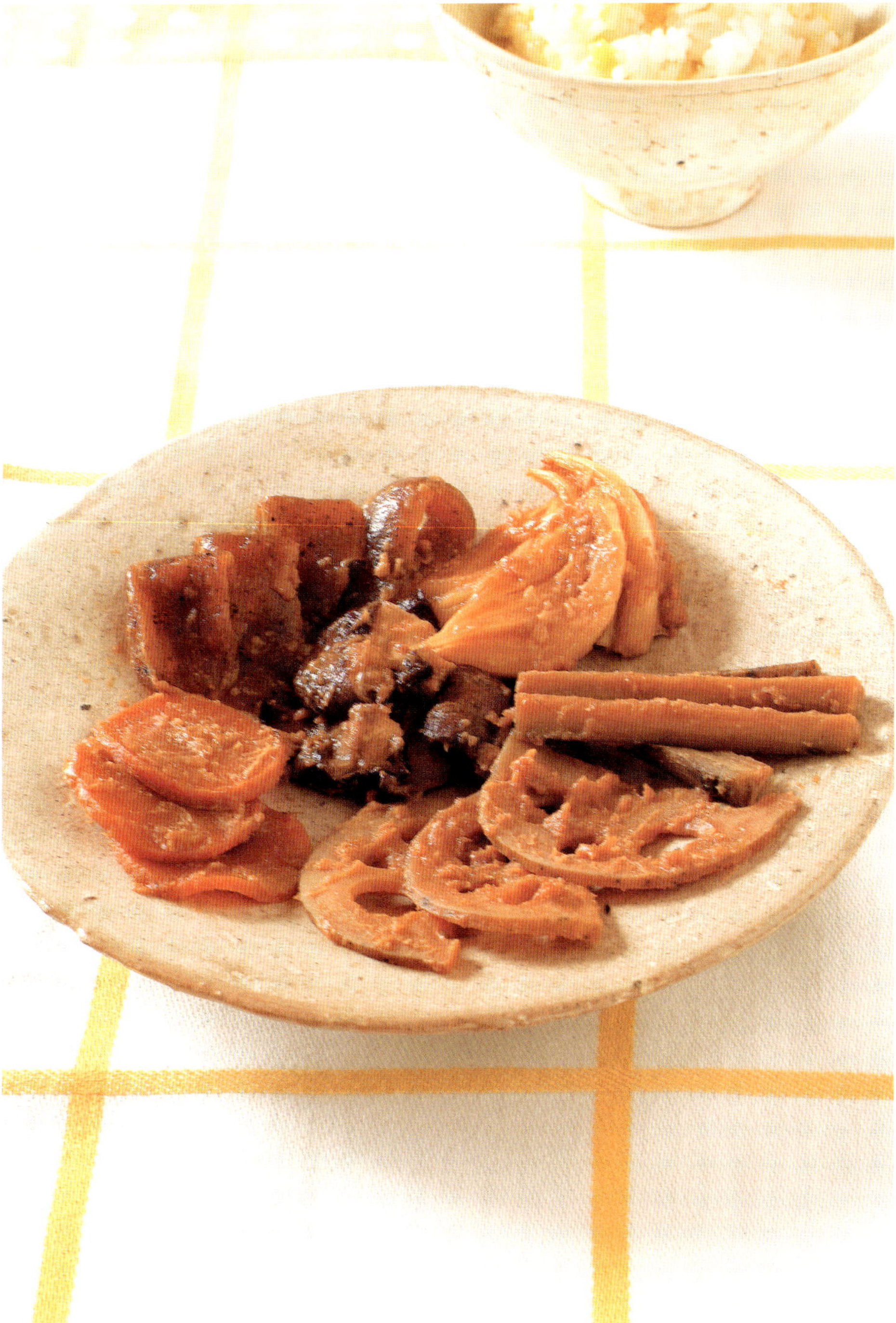

COLUMN 3

# 調味料はこれだけ！

つぶつぶ雑穀ごちそうごはんで使っている調味料を紹介します。
国内のこだわりの生産者が、気合いを入れてつくっている
塩、しょう油、味噌、油、梅酢で素材の味を引き出します。

## 塩
塩は調味の原点、
おいしい塩加減が体を守ります

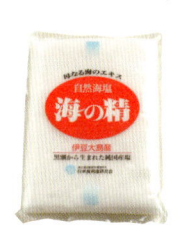

**自然海塩 海の精**
（海の精 株式会社）
60種類以上の微量ミネラルが、素材のうま味と体の元気を引き出す。

## しょう油
発酵のうま味と香味と栄養を料理にそえます

**生しぼり醤油**
（海の精 株式会社）
300種類もの香気成分を含む、腸を元気にする発酵うま味調味料。

**国産・うすくち醤油**
（海の精 株式会社）
香りも色も淡い素材を生かすしょう油。さっぱりしたうま味と塩味がある。

**三河しろたまり**
（日東醸造 株式会社）
小麦だけでつくる透明感のある黄金色のしょう油で、濃厚な甘みとうま味がある。

## 油
菜種油7：ごま油3の
ブレンド油が健康の秘訣！

**国産 黄金油：菜種油**
（有限会社 鹿北製油）
バター風味。現代食に欠乏しているα-リノレン酸が多い。

**オーサワごま油**
（オーサワジャパン 株式会社）
抗酸化成分と各種薬効成分が多く、揚げ物に向く。リノール酸が多い。

**完熟・手摘みオリーブ油**
（株式会社 ヤマヒサ）
小豆島で無農薬栽培された完熟オリーブ油。フルーティでマイルド。

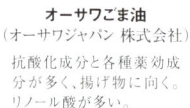

## 味噌
消化のよい植物性たんぱく質と
必須脂肪酸と酵素の宝庫

**麦味噌**
（海の精 株式会社）
大豆と麦麹でつくるさっぱりした色白の味噌。豆味噌と合わせてもおいしい。

**豆味噌**
（海の精 株式会社）
大豆100％のかすかな渋みと苦みのある濃厚味噌で、色は焦げ茶色。

## 梅酢
香りとともに体の消化の
サイクルを高める酸味

**紅玉梅酢**（海の精 株式会社）
酢ではなく塩の仲間。きりっとした香り高い酸味で料理を引き立てる。

オンライン通販サイト

# 未来食ショップ
# つぶつぶ

雑穀の通販なら「つぶつぶ」をご利用ください。
「つぶつぶ」は、これまで約30年の普及活動を経て、
農薬不使用のおいしい国産雑穀を皆様のご家庭にお届けしています。

## つぶつぶ雑穀1カップシリーズ

1カップシリーズはここが違う！おいしさの秘密

**国産、農薬不使用**
安心の国産、農薬不使用。
真心をこめて育てられた雑穀は、おいしさが違います！
※国産生産量の少ない雑穀は、海外産の有機栽培のものも取り扱っています。

**顔が見える**
つぶつぶの活動に賛同している生産者「つぶつぶ栽培者ネット」の雑穀、または顔の見える地域団体の雑穀です。

**使いやすい量**
1袋は、レシピにあわせた1カップサイズ。雑穀は炊くと2〜3倍に増えるので、1カップで約10人分です。

**最後にここがポイント！**
生産者も、販売しているスタッフも、つぶつぶ料理教室でも、この雑穀を毎日♪おいしい♪と食べています。

お買い求めは　おいしい雑穀専門店　未来食ショップ　つぶつぶ

未来食ショップつぶつぶ　検索　www.tsubutsubu-shop.jp

私たち未来食ショップつぶつぶでは、大谷ゆみことその仲間たちが、日々の暮らしの中で
実際に使用しているものだけを販売しています。どれも妥協なく選び抜いた逸品です。

雑穀が主役のおいしいビーガン料理！つぶつぶグルメしましょ！

# つぶつぶ料理教室

## 雑穀 × ビーガン × おいしい料理レッスン

全国 **80**ヵ所 以上で開講中！
2020.1月現在

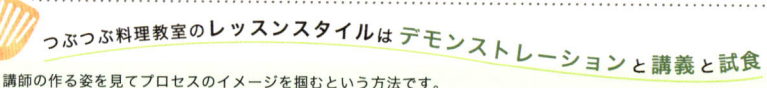

心とカラダが喜ぶ、家族の笑顔をつくる、
おいしい雑穀料理とノンシュガースイーツを学ぶ

♥ まずはここから！講義と試食とミニデモンストレーションで気軽に参加♪
**つぶつぶ料理体験レッスン**　全国一律 **3,500円**
HPからのお申込みで **500円OFF**

♥ 全国どこでも好きなときに、好きな場所、好きな内容のレッスンを
**1回完結！単発レッスン**　1回 **4,000円〜**
※レッスンごとに異なります。

♥ 継続した学びの場、一人一人に寄り添った学びを講師がサポートします
**公式コースレッスン**　※認定講師のいる教室でのみ開講します

詳しくはこちら ▶ https://tubutubu-cooking.jp/pages/courselesson

つぶつぶ料理教室のレッスンスタイルは **デモンストレーション**と**講義**と**試食**

講師の作る姿を見てプロセスのイメージを掴むという方法です。
切り方のコツ、火加減、水加減、入れる順番の意味、仕上がりの見極め方など、全プロセスをしっかり見ることができます。出来上がった瞬間の味を確認し、講師がつくった料理を味わうことで正しい美味しさのゴールを知ることが出来ます。料理初心者も料理好きの方も五感を真っ白にして学べます。＊食物アレルギー対応いたします。ご相談ください。

日本ベジタリアン学会指定校　　乳製品・卵・砂糖・動物性食品・添加物不使用

♪ 舌にも体にも心にもおいしい料理です
♪ 体と心と地球をまとめて元気にします
♪ シンプルな食理論と料理術があります
♪ 4世代で実践 35年の歴史があります

ー信頼できる公認講師ー
つぶつぶの実践を日常から楽しみ、養成講座で学びを積んだ、つぶつぶ公認講師「つぶつぶマザー」「つぶつぶ料理コーチ」がお伝えします。

入会金不要。すべての教室・お好きなレッスンへいつでもご参加いただけます。
つぶつぶ料理教室公式サイトで簡単教室＆レッスン情報Check!! ▶▶▶
https://tubutubu-cooking.jp/　[つぶつぶ料理教室] [検索]

※類似教室にご注意ください。

# TUBU TUBU - INFORMATION -

**Shopping**

つぶつぶ雑穀おかずをつくる、おいしい雑穀専門 通販サイト

## 未来食ショップ つぶつぶ

https://www.tsubutsubu-shop.jp  オンラインショップ

**Lessons**

経験豊富な公認講師から つぶつぶ雑穀料理の技を習える
雑穀×ビーガン×おいしい料理レッスン＆セミナー

## つぶつぶ料理教室

https://tubutubu-cooking.jp  全国各地

レッスンで使う食材はすべてオーガニック＆ナチュラルを基準に
乳製品・卵・砂糖・動物性食品・添加物不使用です。

---

### ３６５日毎朝届く！
### 無料レシピメルマガ 配信中！

毎日の「食べる」が楽しくなる料理や食べ方のヒント付き。

http://go.tubu-tubu.net/recipemail_gbook

雑穀×ビーガン×おいしい！

肉・魚・乳製品・卵など動物性食品不使用、砂糖不使用、添加物不使用の未来食つぶつぶレシピ３０００種類の中から厳選した、季節の野菜料理、雑穀料理、ナチュラルスイーツレシピなどを毎日お届けします。

---

## つぶつぶ入会案内

会員限定クーポンがもらえたり、各種イベント・セミナーに参加できます。

>> ご入会はこちら　https://www.tsubutsubu.jp/kaiin

## おわりに

かつては、日本人が畑に実る五穀の姿を、どれも「イネ」と呼んでいたこと。そして古代語で「イ」は「いのち」の「い」、「ネ」は「根っこ」の「ね」、この2つの言葉をつなげた「イネ」の意味は「いのちの根源」だったことを知ったときには、感動で胸がふるえました。
体を養う食べものを「いのちの根源」と呼びながら育てる──なんて心豊かな確信に満ちた暮らしでしょう。いのちと心と暮らしがつながっていた時代が、確かにあったことを発見した喜びがあふれてきました。

「いのちの根源」として、連綿と日本人のいのちを養ってきた雑穀を食卓に呼び戻すことで、心も体も暮らしも本来の姿を取り戻すことができるかもしれない。それが、私が雑穀料理にのめり込んだ一番の理由です。

貧しさの象徴として量増やしの糧飯といわれた雑穀と野菜の炊き込みごはんが、新感覚＆新テイストのごちそうごはんとして現代の食卓に蘇り、多くの人の味覚を呼び覚まし、いのちを輝かせていくことを考えるとワクワク胸が弾みます。

大谷 ゆみこ

**大谷ゆみこ**（おおたに・ゆみこ）
暮らしの探検家・食デザイナー

日本の伝統食である雑穀に「つぶつぶ」という愛称をつけ、数千点におよぶ「つぶつぶベジタリアン」レシピを創作、体と地球に平和を取り戻す「ピースフード」として提唱。とびきりおいしくて、おしゃれで、シンプル＆ダイナミックな未来食流食卓術のファンが全国で急増している。1995年、「ピースフードアクションnet.いるふぁ」の設立を呼びかけ、いのちを輝かせるおいしさを伝えるさまざまな活動を展開。「未来食サバイバルセミナー」の運営に力を入れている。雑穀を社会現象にするための新しいアプローチとして、2004年3月に雑穀料理と暮らしの専門誌『つぶつぶ』を発刊。2006年からは「つぶつぶカフェ 世界の街角計画」推進中。東京と長野で「つぶつぶカフェ」を運営。2007年4月からSKY PerfecTV!のCh241(ハッピー241)において「キッチンから未来が変わる！ 大谷ゆみこの雑穀グルメクッキング──伝えたい！ いのちを輝かせるおいしさ」が放送スタート。
大谷ゆみこのつぶつぶレシピ＆グルメエッセイメルマガ「雑穀大好き！ つぶつぶ大好き！ いのちを輝かせるおいしさ」の人気も上昇中！
http://www.tsubutsubu.jp

（写真・秋枝俊彦）

# つぶつぶ雑穀ごちそうごはん

野菜と雑穀がおいしい！
簡単炊き込みごはんと絶品おかず

2007年4月19日　初版発行
2024年3月7日　9刷発行

| | |
|---|---|
| 著　者 | 大谷ゆみこ |
| デザイン | 原圭吾（SCHOOL）、山下祐子 |
| 撮　影 | 吉田彩子 |
| 調理協力 | 河井美香、小林綾子、松本靖子、郷田未来 |
| 協　力 | いるふぁ未来食研究会 |
| 発行者 | 佐久間重嘉 |
| 発行所 | 株式会社 学陽書房 |
| | 東京都千代田区飯田橋1-9-3 〒102-0072 |
| | 営業部　TEL03-3261-1111　FAX03-5211-3300 |
| | 編集部　TEL03-3261-1112　FAX03-5211-3301 |
| | 振　替　00170-4-84240 |
| 印　刷 | 文唱堂印刷 |
| 製　本 | 東京美術紙工 |

ⒸYumiko Otani 2007, Printed in Japan
ISBN978-4-313-87118-2 C2077

乱丁・落丁本は、送料小社負担にてお取り替えいたします。
定価はカバーに表示してあります。

# 学陽書房の好評既刊！

## つぶつぶ雑穀スープ
### 野菜＋雑穀で作る簡単おいしいナチュラルレシピ
大谷ゆみこ 著

ヒエ、キビ、アワ、高キビ……人気食材、エコ食材の雑穀と身近な野菜を組み合わせ、手軽な一鍋クッキングで驚くような自然のうま味と栄養がつまった簡単シンプルの雑穀つぶつぶスープ。大地のエネルギーに満ちた体も心もぐんぐん元気になるスープレシピがいっぱい！

A5判並製88頁 本体1500円＋税

## つぶつぶ雑穀甘酒スイーツ
### 甘さがおいしい驚きの簡単スイーツレシピ
大谷ゆみこ 著

あまりご飯で簡単にできる繊維とミネラルたっぷりの甘味料「つぶつぶ甘酒」を使って楽しむノーアルコール、ノーシュガーの植物性素材100％スイーツ。各種和洋菓子からアイスクリームまで作れて、ダイエット中の人、アトピーに悩む人には、とくにオススメのレシピ集。

A5判並製80頁 本体1500円＋税